Welsh

It's Wales

Songs

Lefi Gruffudd (ed.)

y Lolfa

First impression: April 2000
Second impression: 2002

© Copyright Y Lolfa Cyf., 2000

Cover design: Ceri Jones
Cover photograph: Robat Gruffudd
Typesetting: Dylan Jones

ISBN: 0 86243 525 0

Printed, on acid free and partly recycled paper
and published and bound in Wales by:
Y Lolfa Cyf., Talybont, Ceredigion SY24 5AP
e-mail ylolfa@ylolfa.com
internet http://www.ylolfa.com/
phone +44 (0)1970 832 304
fax 832 782
isdn 832 813

Contents

Introduction 6

Traditional
Pontypridd 7
Dacw 'Nghariad 8
Tra Bo Dau 10
Moliannwn 12
Yr Eneth Gadd ei Gwrthod 14
Marwnad yr Ehedydd 16
Milgi Milgi 18
Cyfri'r Geifr 20
Llongau Caernarfon 22
Ar Lan y Môr 24
Mae 'Nghariad i'n Fenws 26
Lawr ar Lan y Môr 28
Harbwr Corc 30
Fflat Huw Puw 32
Ffarwel i Langyfelach Lon 34
Bugeilio'r Gwenith Gwyn 36

Hymns
Calon Lân 38
Cwm Rhondda 40
I Bob Un Sydd Ffyddlon 42

Popular Songs
Myfanwy 44
Sosban Fach 46
Lleucu Llwyd 48
Nwy yn y Nen 50
Blaenau Ffestiniog 52
Y Dref Wen 54
Pam fod Eira'n Wyn? 56
Yma o Hyd 58
Mae Hen Wald Fy Nhadau 60

Introduction

The Welsh have a rich tradition of vocal and instrumental music. During festival days and fairs people enjoyed drinking and dancing to traditional folk songs. The religious puritanism of the Methodists tried to eradicate all forms of musical enjoyment in the 18th century, but many traditional songs have survived, and many have flourished in popularity in recent years. The best of these songs are included in this book.

Also included are some of the most popular Welsh hymns that were mostly composed in the nineteenth century. Religious revivals swept much of Wales into intense spiritual worship in the hundreds of chapels built all over Wales in that period. Composers like Joseph Parry and hymn writers like Ann Griffiths are still a vital part of Welsh musical culture, and the hymns are still sung in religious, sporting and social events in Wales.

The other songs in this book are popular or protest songs, mostly composed over the last thirty years. They still bring back memories of the protest movement in the sixties and seventies, the origin of Welsh pop singing and the revival of the Welsh language. People like Dafydd Iwan and Tecwyn Ifan were the heroes of the protest culture in that period, and they are still singing today!

The simple melody lines and guitar chords make these songs easily accessible. The translations will help you understand the words, but you should also try and enjoy the sound and feeling of the original Welsh words. If your appetite is whetted, you will find further, fuller song collections in the Lolfa list. *Mabsant* (folk songs) and *Hymns of Wales* are especially popular.

I would like to thank Dylan Jones for typesetting the songs and Siân James for her help and advice.

LEFI GRUFFUDD
Editor, Y Lolfa
May 2000

Pontypridd

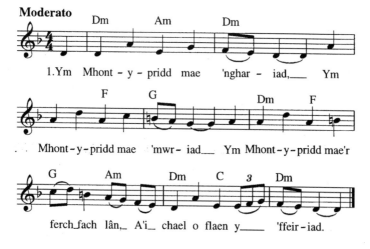

Moderato

1. Ym Mhont - y - pridd mae 'nghar - iad,___ Ym Mhont - y - pridd mae 'mwr - iad___ Ym Mhont - y - pridd mae'r ferch fach lân,___ A'i___ chael o flaen y_____ 'ffeir - iad.

2. Mi hela' heddiw unswllt,
Mi hela' fory ddeuswllt,
A chyn y colla' i ferch ei mam
Mi dreia' i am y triswllt.

3. Mi glywais lawer caniad,
Mi welais lawer bwriad,
Mi welais lawer benyw lân,
Ond neb mor lân â 'nghariad.

4. Mae 'mwthyn ger yr afon,
Mae gennyf wartheg blithion,
Mae gennyf fferm ar lannau Taf, –
O tyred ataf, gwenfron.

PONTYPRIDD

1. In Pontypridd is my love, / in Pontypridd is my intended, / in Pontypridd is the dear, pure maid, / and I'll get her before the priest. // 2. I'll spend today one shilling, / I'll spend tomorrow two, / and before I lose her mother's girl, / I'll try [and spend] three. // 3. I heard many a sounding, / I saw many intending, / I saw many a beautiful girl, / But no one like my loved–one. // 4. My cottage is by the river, / I have some dairy cattle, / I have a farm on Taf's banks – / O come to me, white breasted maiden.

Dacw 'Nghariad i Lawr yn y Berllan

2. Dacw'r dderwen wych ganghennog,
Golwg arni sydd dra serchog:
Mi arhosaf dan ei chysgod
Nes daw 'nghariad i 'nghyfarfod.

3. Dacw'r delyn, dacw'r tannau,
Beth wyf well heb neb i'w chwarae?
Dacw'r feinwen hoenus fanwl –
Beth wyf nes heb gael ei meddwl?

THERE'S MY SWEETHEART DOWN IN THE ORCHARD

1. Look! there's my sweetheart down in the orchard. / O! that I were there myself. / There's the house, and there's the barn, / and there's the door of the cowshed open. // 2. Look! there's the fine branching oak; / a beautiful sight [to behold]: / I shall wait in its shade / till my sweetheart comes to meet me. // 3. Look, there's the harp , and the harp strings: / what good is it to me with no-one to play it? / Look, there's the joyful, dainty maid: / I'm no nearer unless I [win] her heart!

Tra Bo Dau

2. O'r dewis hardd ddewisais i
Oedd dewis lodes lân;
A chyn bydd 'difar gennyf fi
O rhewi wnaiff y tân.
Cytgan:
Cyfoeth nid yw ond oferedd,
Glendid nid yw yn parhau,
Ond cariad pur sydd fel y dur
Yn para tra bo dau

3. Mae fy annwyl rian dros y lli –
Gobeithio'i bod hi'n iach –
Rwy'n caru'r tir lle cerdda hi
Dan wraidd fy nghalon fach.
Cytgan:

WHILE THERE ARE TWO

1. The one whom my heart loves / lives far from here, / and longing to see her / made my colour grey. // Chorus: Wealth is but vanity, / purity does not last. / But pure love, like steel, / lasts while there are two. // 2. From the beautiful choice I had to make / was the choice of a pure lass / and before I regret it / the fire will freeze. // Chorus: // 3. My love is over the sea, / I hope that she is well. / I love the ground where she walks / from the core of my little heart. // Chorus:

Moliannwn

Allegro

1. Nawr lanc – iau rho – ddwn glod, Mae'r gwan – wyn we – di
dod, Y gae – af a'r oer – ni a aeth heib – io.___ Daw'r___
coed i wis – go'u dail, A mwyn – iant mwyn yr haul, A'r ŵyn ar y
dol – ydd i bran – cio. *Cytgan* Mol – ian – nwn oll yn llon,___
___ Mae am – ser gwell i ddy – fod, Ha – le – liw – ia,___ Ac ar
ôl y tyw – ydd drwg Fe wnawn ar – ian fel y mwg, Mae ar –
– wydd – ion dy – mu – nol o'n blae – nau. *Cytgan* Ffw – la – la – la – la,
ffw – la – la – la – la, ffw – la – la – la – la – la – la.

2. Daw'r Robin Goch yn llon
I diwnio ar y fron
A Cheiliog y Rhedyn i ganu,
A chawn glywed wiparwhîl,
A llyffantod wrth y fil,
O'r goedwig yn mwmian chwibanu.
Cytgan:

3. Fe awn i lawr i'r dre,
Gwir ddedwydd fydd ein lle,
A llawnder o ganu ac o ddawnsio,
A chwmpeini naw neu ddeg
O enethod glân a theg,
Lle mae mwyniant y byd yn disgleirio.
Cytgan:

LET US REJOICE

1. Now lads, let us give praise, / the spring has come, / the winter and the cold has passed by. / The trees will come to wear their foliage, / and the tender pleasantness of the sun [will come], / and the lambs on the meadows will gambol. // Chorus: Let us all rejoice joyfully, / better times are on the way, Hallelujah, / and after the bad weather / we'll make stacks of money, / there are pleasant signs before us. // 2. Robin Redbreast will come happily / To tune [his song] on the hillside / and the grasshopper to sing, / and we shall hear the whip-poor-will / and toads in their thousands murmuring and whispering from the woodland. // Chorus // 3. We shall go down to the town, / and happy will our state be, / with any amount of singing and dancing, / and the company of nine or ten / pure and pretty maids, / where the joys of the world shine forth. // Chorus:

Yr Eneth Gadd ei Gwrthod

Andante

1.Ar lan hen a – fon Ddyfr – dwy ddofn Eis –
-te-ddai glân for-wy-nig,___ Gan ddis – taw
si – sial wr-thi'i hun, Ga – da-wyd fi yn
u – nig.___ Heb gâr na chy-faill o fewn y
byd, Na char – tref chwaith fynd i – ddo,___ Drws
tŷ fy nhad sydd we – di'i gloi, 'Rwy'n
wr – tho – de – dig he – no.___

2. Mae bys gwaradwydd ar fy ôl
Yn nodi fy ngwendidau,
A llanw 'mywyd wedi ei droi
A'i gladdu o dan y tonnau.
Ar allor chwant aberthwyd fi,
Do! collais fy morwyndod,
A dyna'r achos pam yr wyf
Fi heno wedi 'ngwrthod.

3. Ond hedeg mae fy meddwl prudd
I fyd sydd eto i ddyfod,
A chofia dithau, fradwr tost,
Rhaid iti fy nghyfarfod;
Ond meddwl am dy enw di
A byw, sydd imi'n ormod –
O! afon ddofn, derbynia fi,
Caf wely ar dy waelod.

4. Ti frithyll bach sy'n chwarae'n llon
Yn nyfroedd oer yr afon,
Mae gennyt ti gyfeillion fyrdd
A noddfa rhag gelynion;
Cei fyw a marw dan y dŵr
Heb undyn dy adnabod –
O! na chawn innau fel tydi
Gael marw ac yna darfod.

5. A bore trannoeth cafwyd hi
Yn nyfroedd glân yr afon,
A darn o bapur yn ei llaw
Ac arno'r ymadroddion:
'Gwnewch imi fedd mewn unig fan,
Na chodwch faen na chofnod,
I nodi'r fan lle gorwedd llwch
Yr eneth gadd ei gwrthod.'

THE REJECTED MAIDEN

1. On the shores of the deep old River Dee / a pure maiden sat / silently whispering to herself / I was left alone / with no love or friend in the world / nor a home to go to. / The door of my father's house is locked, / and I am rejected tonight. // 2. The finger of shame pursues me / noting my weaknesses / and the tide of my life has turned, / and buried it beneath the waves. / On lust's altar I was sacrificed, / I lost my virginity/ and that's the reason why / tonight I am rejected. // 3. But my sad thought flies / to a world which is yet to come, / and remember, sad traitor, / you will have to meet me; / but to think of your name / and [continue] to live is for me too much – / O deep river, take me, / I shall have a resting place on your bed. // 4. You small trout who play happily / in the cold waters of the river, / you have countless friends / and a refuge from enemies; / you may live and die under the water / unknown to any man – / O that I, like you, / might die and so perish.' // 5. And the following morning she was found / in the clean waters of the river, / and a piece of paper in her hand, / and on it the words: / 'Make me a grave in a lonely place, / and do not raise a stone or any record / to mark the spot where lie the ashes / of the maiden who was rejected.'

Marwnad yr Ehedydd

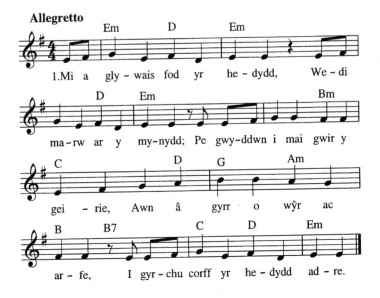

Allegretto

1.Mi a gly – wais fod yr he – dydd, We – di
ma – rw ar y my – nydd; Pe gwy-ddwn i mai gwir y
gei – rie, Awn â gyrr o wŷr ac
ar – fe, I gyr-chu corff yr he – dydd ad – re.

2. Mi a glywais fod yr hebog
Eto'n fynych uwch y fawnog,
A bod ei galon a'i adenydd
Wrth fynd heibio i gorff yr hedydd
Yn curo'n llwfr fel calon llofrudd.

16

3. Mi a glywais fod cornchwiglan
Yn ei ddychryn i ffwrdd o'r siglan
Ac na chaiff, er dianc rhagddi,
Wedi rhusio o dan y drysi,
Ond aderyn y bwn i'w boeni.

4. Mi a glywais gan y wennol
Fod y tylwyth teg yn 'morol
Am arch i'r hedydd bach o risial,
Ac am amdo o'r pren afal,
Ond piti fâi dwyn pob petal.

5. Cans er dod â byddin arfog
Ac er codi braw ar yr hebog
Ac er grisial ac er bloda',
Er yr holl dylwyth teg a'u donia',
Ni ddaw cân yr hedydd adra'.

LARK'S LAMENT
1. I heard that the lark / had died on the mountain; / if I knew the words to be true, / I would take a band of men and arms / to bring the body of the lark back home. // 2. I heard that the hawk / is still often above the peat-bog, / and that his heart and wings / as he goes past the body of the lark / beat in cowardly fashion like the heart of a killer. // 3. I heard that a lapwing / is scaring him away from the bog / and that, though escaping from him / and taking fright under the briars, / is only worried by the bittern. // 4. I heard from the swallow / that the fairies are seeking / a crystal coffin for the little lark, / and a shroud from the apple tree – / but it would be a pity to steal every petal. // 5. Because despite bringing an armed army / and despite scaring the hawk / and despite the crystal and the flowers, / despite all the fairies and their talents, / the song of the lark will never come home.

Milgi Milgi

Allegretto

1.Ar ben y bryn mae 'sgwar – nog fach, Ar hyd y nos mae'n po – ri, A'i chef – nen brith, a'i bo – la bo – la gwyn, Yn hi – dio dim am fil – gi.

Cytgan

Mil – gi mil – gi, mil – gi mil – gi, Rhowch fwy o fwyd i'r mil – gi, Mil – gi mil – gi, mil – gi mil – gi, Rhowch fwy o fwyd i'r mil – gi.

2. Ac wedi rhedeg tipyn tipyn bach,
Mae'n rhedeg mor ofnadwy,
Ac un glust lan a'r llall i lawr
Yn dweud ffarwél i'r milgi
Cytgan:

3. Rôl rhedeg sbel mae'r milgi chwim
Yn teimlo'i fod e'n blino,
A gwelir ef yn swp, yn swp ar lawr
Mewn poenau mawr yn gwingo.
Cytgan:

4. Ond dal i fynd wna'r sgwarnog fach
A throi yn ôl i wenu,
Gan sboncio'n heini dros y bryn
A dweud ffarwél i'r milgi.
Cytgan:

THE GREYHOUND

1. On the top of the hill is a little hare, / throughout the night it grazes, / and with its speckled back and pure white belly / it couldn't care less about the greyhound. // Chorus: Greyhound… / give the greyhound more food… // 2. And after running just a little way, / it then runs off so swiftly / with one ear up and one ear down / bidding farewell to the greyhound. // Chorus: // 3. After running for a while the swift greyhound / feels that he's getting tired, / and he is seen in a heap on the ground / writhing in great pain. // 4. But the little hare keeps going, / and looks back with a smile, / bounding energetically over the hillside, / and bidding farewell to the greyhound. // Chorus:

Cyfri'r Geifr

2. Gafr goch, fingoch, foel gynffongoch.

3. Gafr las, finlas, foel gynffonlas.

4. Gafr ddu, finddu, foel gynffonddu.

5. Gafr binc, finbinc, foel gynffonbinc…

COUNTING THE GOATS

Chorus: Any more goats? / Any not been milked? / On the rugged rocks / the old goat is roaming. // 1. A white goat, / yes, white-lipped, / bald white tail, / white flank and tail. // Chorus: // 2. A red goat, / yes, red-lipped, / bald red tail, / red flank and tail. // Chorus: // 3. A blue goat, / yes, blue-lipped, / bald blue tail, / blue flank and tail. // Chorus: // 4. A black goat, / yes, black-lipped, / bald black tail, / black flank and tail. // Chorus: // 5. A pink goat, / yes, pink-lipped, / bald pink tail, / pink flank and tail.

Llongau Caernarfon

Andante grazioso

1.Mae'r holl lo – ngau yn y Cei_ yn llwy – tho; Pam na
cha' i fynd fel pawb i___ for – io? Da – cw
dair yn dech – rau war – pio Ac am hwyl – io he – no;
Byr – ci – ned, Bor – do_ a Wic – lo. Toc daw'r
ste – mar bach i'w tow – io, Go – lau
gwyrdd ar wal – iau wrth_ fynd heib – io.

2. Pedair llong wrth angor yn yr afon;
Aros teid i fynd tan gastell C'narfon,
Dacw bedwar golau melyn
A rhyw gwch ar gychwyn;
Clywed sŵn y rhwyfau wedyn.
Toc daw'r stemar bach i'w towio,
Golau gwyrdd ar waliau wrth fynd heibio.

3. Llongau'n hwylio draw a llongau'n canlyn,
Heddiw, fory ac yfory wedyn.
Mynd â'u llwyth o lechi gleision
Dan eu hwyliau gwynion,
Rhai i Ffrainc a rhai i Werddon:
O na chawn i fynd ar f'union
Dros y môr a hwylio'n ôl i G'narfon.

4. Holaf ym mhob llong ar hyd yr harbwr,
Oes 'na le i hogyn fynd yn llongwr
A chael splensio rhaff a rhiffio
A chael dysgu llywio
A chael mynd mewn cwch i sgwlio.
O na chawn i fynd yn llongwr,
A'r holl longau'n llwytho yn yr harbwr.

THE SHIPS OF CAERNARFON
1. All the ships are loading at the quay; / why can't I go to sea like everybody else? / Look, there are two beginning to warp / ready to sail tonight; / Birkenhead, Bordeaux and Wicklow. / Soon the little steamer will come to tow them, / and green lights on the walls as they go by. // 2. There are four ships at anchor on the river; / they wait for the tide to pass beneath Caernarfon Castle; / Look! four yellow lights / and a boat about to start; / then we hear the sound of the oars. / Soon the little steamer will come to tow them, / and green lights on the walls as they go by. // 3. Ships sailing yonder and [other] ships following, / today, tomorrow and beyond. / They take their load of blue slates / under [the power of] their white sails, / some to France and some to Ireland. // O! that I might go straight away / over the sea and [then] sail back to Caernarfon. // 4. I'll ask at every ship along the harbour / whether there's room for a lad to be a sailor / and to be able to splice a rope and reef / and learn to steer / and go in a boat to scull. / O! that I could be a sailor / with all the ships loading in the harbour.

Ar Lan y Môr

Larghetto

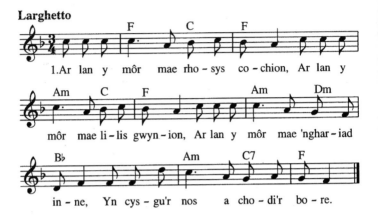

1.Ar lan y môr mae rho – sys co – chion, Ar lan y môr mae li – lis gwyn – ion, Ar lan y môr mae 'nghar – iad in – ne, Yn cys – gu'r nos a cho – di'r bo – re.

2. Ar lan y môr mae carreg wastad
Lle bûm yn siarad gair â'm cariad;
Oddeutu hon fe dŷf y lili
Ac ambell sbrigyn o rosmari.

3. Llawn yw'r môr o swnd a chregyn,
Llawn yw'r wy o wyn a melyn,
Llawn yw'r coed o ddail a blode,
Llawn o gariad merch wyf inne.

ON THE SEASHORE
1. On the seashore there are red roses, / on the seashore there are white lilies, / on the seashore is my love, / sleeping at night and rising in the morning. // 2. On the seashore there is a flat stone / where I spoke a word with my love: / around it grows the lily / and the odd sprig of rosemary. // 3. The sea is full of sand and shells, / the egg is full of white and yellow, / the wood is full of leaves and flowers, / I am full of love for a girl.

25

Mae 'Nghariad i'n Fenws

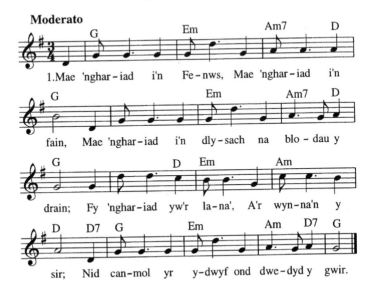

Moderato

1.Mae 'nghar – iad i'n Fe – nws, Mae 'nghar – iad i'n fain, Mae 'nghar – iad i'n dly – sach na blo – dau y drain; Fy 'nghar – iad yw'r la – na', A'r wyn – na'n y sir; Nid can – mol yr y – dwyf ond dwe – dyd y gwir.

2. Wych eneth fach annwyl
Sy'n lodes mor lân,
A'i gruddiau mor writgoch,
A'i dannedd mân, mân;
A'i dwy lygad siriol,
A'i dwy ael fel gwawn –
Fy nghalon a'i carai,
Pe gwyddwn y cawn.

3. Mae 'nghariad i'n caru
Fel cawod o law,
Weithiau ffordd yma
Ac weithiau ffordd draw;
Ond cariad pur ffyddlon,
Ni chariff ond un –
Y sawl a gâr lawer
Gaiff fod heb yr un.

MY LOVE IS A VENUS

1. My love is a Venus, / so slender my love, / my love is prettier / than the flowers of the briar; / my love is the fairest / on the face of the shire; / I am not just saying it. / I'm telling the truth. // 2. [This] dear, exquisite young girl / is such a pure maid, / her cheeks so rosy, / her teeth all dainty; / her two laughing eyes, / her two brows like gossamer – / I would love her with all my heart, / were she to be mine. // 3. My love falls in love / like a shower of rain, / sometimes here, / Sometimes there; / but pure love and true / loves only one – / the one who loves many / ends up with none at all.

Lawr ar Lan y Môr

Allegretto

1.Mi gwr–ddais i â merch fach ddel lawr ar lan y môr, lawr ar lan ymôr, lawr ar lan ymôr. Mi gwr–ddais i â merch fach ddel lawr ar lan y môr, lawr ar lan y môr.

Cytgan O, o, o, rwy'n dy ga–ru di, O rwy'n dy ga–ru di, yr e–neth ar lan y môr. O, o, o, rwy'n dy ga–ru di, O, rwy'n dy ga–ru di, yr e–neth ar lan y môr.

2. Gofynnais am un gusan fach
Lawr ar lan y môr, (x3)
Gofynnais am un gusan fach
Lawr ar lan y môr: (x2)
Cytgan:

3. Mi gefais i un gusan fach
Lawr ar lan y môr, (x3)
Mi gefais i un gusan fach
Lawr ar lan y môr: (x2)
Cytgan:

4. Rhyw ddiwrnod fe'i priodaf hi
Lawr ar lan y môr, (x3)
Rhyw ddiwrnod fe'i priodaf hi
Lawr ar lan y môr: (x2)
Cytgan:

DOWN BY THE SEASHORE

1. I met a fair young maid / down by the seashore (x 3), / I met a fair young maid / down by the seashore. (x 2) // Chorus: O! I love you, I love you, / maid on the seashore (x 2) // 2. I asked for a little kiss / down by the seashore, (x 3) / I asked for a little kiss / down by the seashore. (x 2) // Chorus: // 3. I got a little kiss / down by the seashore (x 3), / I got a little kiss / down by the seashore. // Chorus: // 4. One day I shall marry her / down by the seashore (x 3), / One day I shall marry her / down by the seashore. // Chorus:

Harbwr Corc

Moderato

1.Yn har – bwr Corc yr oedd – wn, ryw fo – re gy – da'r dydd, gy – da'r dydd,__ O ho – gie bach, ryw fo – re gy – da'r dydd.__ A phawb oedd y – no'n lla – wen, 'doedd y – no neb_ yn brudd, neb yn brudd,_ O ho – gie bach, 'doedd y – no neb__ yn brudd.__

2. O Rhisiart, medde Morus, a Morus, medde Twm,
Medde Twm,
O hogie bach, a Morus, medde Twm:
Well inni riffio'r hwylie, cyn dêl y tywydd trwm,
Tywydd trwm,
O hogie bach, cyn dêl y tywydd trwm.

3. O Twm Co Bach a Morus, mae'n bygwth gwynt a glaw,
Gwynt a glaw,
O hogie bach mae'n bygwth gwynt a glaw;
Daw'r cesyg gwynion allan – a Twm yn ateb 'taw',
Ateb 'taw',
O hogie bach, a Twm yn ateb 'taw'.

4. Daw'r gwynt yn ôl i'r gogledd, cawn eto dywydd teg,
Tywydd teg,
O hogie bach, cawn eto dywydd teg;
A bydd y llong yn cerdded, ag asgwrn yn ei cheg,
Yn ei cheg,
O hogie bach, ag asgwrn yn ei cheg.

CORK HARBOUR

1. I was in Cork Harbour one morning at break of day, / and everyone there was joyful, and nobody there was sad. // 2. Hoy! Richard, said Morris; Hoy! Morris, said Twm: / we'd better reef the sails before the heavy weather comes. // 3. Hoy! Twm Caernarfon and Morris, it's threatening wind and rain. / The white mares (waves) are coming out – 'You don't say' says Twm in reply. // 4. The wind will turn back to the north, and we shall have fine weather again; / and the ship will ride with a bone in her mouth.

Fflat Huw Puw

Allegro

1.Mae sŵn ym Mhor – tin –llaen, sŵn hwyl – iau'n co – di;

Bloc – ie'i gyd yn gwich – ian, Da – fydd Jones yn gwei – ddi; Ni

fed – ra'i a – ros gar – tre yn fy myw; Rhaid

i mi fynd yn llo – ngwr iawn ar fflat Huw Puw.

Cytgan

Fflat Huw Puw yn hwy – lio he – no,

sŵn co – di a – ngor; mi fyn – na'i fynd i for – io; Mi

wis – ga'i gap pig gloyw tra by – dda'i byw, Os

ca'i__ fynd yn llo – ngwr iawn ar Fflat Huw Puw.

2. Mi bryna'i yn Iwerddon sane sidan,
Sgidie bach i ddawnsio, a rheini â bycle arian;
Mi fydda' i'n ŵr bonheddig tra bydda'i byw
Os ca'i fynd yn Gapten llong ar Fflat Huw Puw.
Cytgan:

3. Mi gadwa' i'r Fflat fel parlwr gore,
Bydd sgwrio mawr a chrafu bob ben bore;
Mi fydd y pres yn sgleinio ar y llyw
Pan fydda' i yn Gapten llong ar Fflat Huw Puw.
Cytgan:

HUW PUW'S FLAT

*1. There's a noise in Portinllaen, the noise of sails being hoisted: / all the blocks are squeaking, and Dafydd Jones is bawling; / I can't stay at home for the life of me! / I've got to go as a proper sailor on Huw Puw's flat. // Chorus: Huw Puw's flat is sailing tonight, / hear the anchor rising; I **will** go to sea: / I'll wear my cap with a shining peak as long as I live, / if I can go as a proper sailor on Huw Puw's flat. // 2. I'll buy silk stockings in Ireland, / little shoes for dancing, those with silver buckles; / I'll be a real 'gent' as long as I live, / if I can go as a ship's captain on Huw Puw's flat. // Chorus: // 3. I'll keep the flat like the front parlour, / there'll be plenty of scrubbing and scraping every first light; / the brass on the helm will shine / when I become ship's captain on Huw Puw's flat. // Chorus:*

Ffarwel i Langyfelach Lon

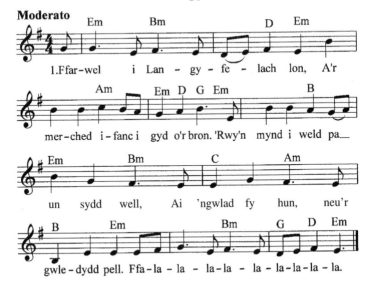

2. Ond llythyr ddaeth yn fore iawn,
Ac un arall y prynhawn,
Fod yr English Fleet yn hwylio i ma's
A minnau dros y cefnfor glas.

3. Ond martsio wnawn ac yn y blaen
Nes i mi ddod i dre'r Bont-faen;
Yr oe'nt hwy yno yn fawr eu sbort
Yn 'listio gwŷr at y Duke of York.

4. Trois fy mhen ac i ryw dŷ,
Yr aur a'r arian yn pasio'n ffri,
Y ffeiffs a'r drwms yn cario'r sŵn,
A 'listio wnes at y Light Dragoons.

5. 'Roedd yno ferched o bob sir,
Fy 'nghariad i, a dweud y gwir;
Yr oeddynt yno'n fawr eu sbort
Yn ein gweld ni'n mynd gyda'r Duke of York.

6. Martsio wnawn tua Llundain fry,
Duty caled ddaeth arnom ni,
Handlo'r dryll a'r cleddyf noeth,
Y bwlets plwm a'r powdwr poeth.

7. Ffarwel fo i'm tad a'm annwyl fam,
Sydd wedi fy magu a'm dwyn i lan
Mewn sense ac oedran o flaen y tân,
A chan ffarwel fo i'r merched glân.

8. Martsio wnawn ac yn ein bla'n
I dreio'r French o fawr i fân;
Yn awr, 'rwy'n gweld pa un sydd well,
Ai 'ngwlad fy hun ai'r gwledydd pell.

9. Os gofyn neb pwy wnaeth y gân,
Dywedwch chwi mai merch fach lân,
Sydd yn gweddïo nos a dydd
Am i'w hannwyl gariad ddod yn rhydd.

FAREWELL TO MERRY LLANGYFELACH
1. Farewell to merry Llangyfelach / and to all the young girls, one after the other. / I'm off to see which is best: / my own land, or lands afar. // 2. But a letter came very early [in the morning], / and another in the afternoon, / [saying] that the English fleet was setting sail, / and I beyond the deep ocean. // 3. But we still marched on / till I came to Cowbridge Town; / they were there in high spirits / enlisting men for the Duke of York's. // 4. I changed direction and went into a house; / gold and silver were changing hands freely, / the fifes and drums were in full flow, / and I enlisted in the Light Dragoons. // 5. There were girls there from every shire, / and my sweetheart, if truth be told; / they were there in high spirits, / watching us go with the Duke of York's // 6. Then we marched up to London, / heavy duties were [heaped] on us, / handling the rifle and the bare sword, / the lead bullets and the hot gunpowder. // 7. Farewell, then, to my father and to my mother dear / who nursed me and brought me up / in good sense to adulthood by the hearth; / and a hundred farewells to the lasses pure. // 8. And we shall march on / to try out the French both large and small; / now I can see which is best: / whether my own land, or lands afar. // 9. If anyone asks who composed this song, / Say that it was a young, pure maid / who is praying night and day / that her dear love shall be free.

Bugeilio'r Gwenith Gwyn

Andante

Mi sydd fach – gen ieu – anc ffôl, yn byw yn ôl fy ffan – si. My – fi'n bu – geil – io'r gwe – nith gwyn ac ar – all yn ei__ fe – di. Pam na ddeu – di ar fy ôl, Ryw ddydd ar ôl ei gi – lydd, Gwaith rwy'n dy weld y fei – nir fach, Yn la – nach, la – nach_beu – nydd.__

2. Glanach, glanach wyt bob dydd,
Neu fi sy' â'm ffydd yn ffolach;
Er mwyn y gŵr a wnaeth dy wedd
Gwna im drugaredd bellach.
Cwyd dy ben, gwêl acw draw,
Rho imi'th law, Gwen dirion,
Gwaith yn dy fynwes bert ei thro,
Mae allwedd clo fy nghalon.

3. Codais heddiw gyda'r wawr
Gan frysio'n fawr fy lludded,
Fel cawn gusanu ôl dy droed
Ar hyd y coed wrth gerdded.
Cwyd fy mhen o'r galar maith
Â serchus iaith gwarineb;
Gwaith mwy na'r byd i'r mab a'th gâr
Yw golwg ar dy wyneb.

4. Tra bo dŵr y môr yn hallt,
A thra bo 'ngwallt yn tyfu,
A thra bo hiraeth dan fy mron
Mi fydda' i'n ffyddlon iti:
Dywed imi'r gwir dan gêl
A rho dan sêl d'atebion,
P'un ai myfi neu arall, Gwen,
Sydd orau gen dy galon?

Calon Lân

2. Pe dymunwn olud bydol,
Chwim adenydd iddo sydd;
Golud calon lân rinweddol
Yn dwyn bythol elw fydd.
Cytgan:
Calon lân yn llawn daioni,
Tecach yw na'r lili dlos;
Dim ond calon lân all ganu–
Canu'r dydd a chanu'r nos.

3. Hwyr a bore fy nymuniad;
Esgyn ar adenydd cân.
Ar i Dduw, er mwyn fy Ngheidwad,
Roddi imi galon lân.
Cytgan:

Words: Daniel James

PURE HEART
1. I do not seek a luxurious life, / the world's gold nor its small pearls; / what I seek is a happy heart, / an honest heart, a pure heart, // Chorus: A pure heart, full of goodness, / is finer than the beautiful lily; / only a pure heart can sing, / sing all day and sing all night. // 2. Were I to wish for worldly wealth, / [I would find that] it has swift wings; / the wealth of a pure virtuous heart will yield eternal profit. // Chorus: // 3. In the evening and the morning, this is my wish: to rise on the wings of song, / that God, for the sake of my Saviour, give me a pure heart. // Chorus:

Cwm Rhondda

Risoluto

John Hughes

1.We - le'n se - fyll rhwng_ y____ myr - twydd

Wrth - rych tei - lwng o fy mryd; Er o'r braidd yr

wy'n_ ad - na - bod Ei fod uwch gwrth -

- ry - chau'r byd: Hen-ffych fo - re, Hen-ffych fo - re,

Caf Ei we - led fel y mae, *fel y mae,*

Caf ei we - led___ fel y mae.

2. Rhosyn Saron yw ei enw,
Gwyn a gwridog, teg o bryd.
Ar ddeng mil y mae'n rhagori
O wrthrychau penna'r byd.
Ffrind pechadur,
Dyma'r Llywydd ar y môr.

3. Beth sydd imi mwy a wnelwyf
Ag eilunod gwael y llawr?
Gwybod wyf nad yw eu cwmni
I'w gystadlu â'm Iesu mawr.
O! am aros
Yn ei gariad ddyddiau f'oes.

Words: Ann Griffiths

I Bob un sydd Ffyddlon

Risoluto

Caradog Roberts

1.I bob un sydd ffydd – lon, Dan ei fa–ner Ef,___

Mae gan Ie – su go–ron fry yn nheyr – nas nef.

Llu–oedd Duw a Sa – tan, sydd yn cwrdd yn awr;

Mae gan blant eu cyf–ran yn y rhy – fel mawr.

Cytgan

I bob un sydd ffydd – lon, Dan ei fa – ner Ef;

Mae gan Ie – su go–ron fry yn nheyr – nas nef.

2. Medd'dod fel Goliath
Heria ddyn a Duw:
Myrdd a myrdd garchara,
Gan mor feiddgar yw;
Brodyr a chwiorydd
Sy'n ei gastell prudd;
Rhaid yw chwalu'i geyrydd,
Rhaid cael pawb yn rhydd.
Cytgan:
I bob un sydd ffyddlon,
Dan ei faner Ef;
Mae gan Iesu goron fry
Yn nheyrnas nef.

3. Awn i gwrdd â'r gelyn,
Bawb ag arfau glân;
Uffern sydd i'n herbyn
A'i phicellau tân.
Gwasgwn yn y rhengau,
Ac edrychwn fry;
Concrwr byd ac angau;
Acw sydd o'n tu.
Cytgan:

Words: Henry Lloyd

FOR ALL THOSE WHO ARE FAITHFUL
1. For all those who are faithful / under His banner, / Jesus has a crown up above / in the kingdom of heaven;/ it is the hosts of God and of Satan / who are now meeting [in battle]; / children have their contribution [to make] / in the mighty war. // Chorus: For all those who are faithful / under His banner, / Jesus has a crown up above / in the kingdom of heaven. // 2. Drunkenness, like Goliath / challenges man and God; / it imprisons hundreds and thousands, / because it is so bold; / they are [our] brothers and sisters who are [prisoners] in its sad fortress; / we must break down the walls / we must set all free. // Chorus: // 3. Let us go to meet the enemy, / all with clean weapons; / it is Hell which is ranged against us / with its firey spears. / Let us close ranks, / and look upwards; / the conqueror of the world and of death / is up there on our side. // Chorus:

Myfanwy

Lento　　　　　　　　　　　　　　　　　　　　　**Joseph Parry**

1.Pa – ham mae dic – ter, O My – fa – nwy, Yn

llen – wi'th ly – gaid du – on di,＿＿＿ A'th

rudd – iau tir – ion, O My – fa – nwy, Heb＿

wri – do wrth fy ngwe – led i? Pa

le mae'r wên oedd ar dy we – fus, Fu'n

cyn – nau car – iad ffydd – lon ffôl? Pa

le mae sain dy eir – iau me – lys Fu'n

de – nu 'ngha – lon ar dy ôl?

2. Pa beth a wneuthum, O Myfanwy,
I haeddu gwg dy ddwyrudd hardd?
Ai chwarae'r oeddit, O Myfanwy,
Â thannau euraidd serch dy fardd?
Wyt eiddo im drwy gywir amod –
Ai gormod cadw'th air i mi?
Ni cheisiaf fyth mo'th law, Myfanwy,
Heb gael dy galon gyda hi.

3. Myfanwy, boed i'r oll o'th fywyd
Fod dan seren ddisglair ganol dydd,
A boed i rosyn gwridog iechyd,
I ddawnsio ganwaith ar dy rudd;
Anghofiaist oll o'th addewidion
A roist i minnau, eneth ddel,
A dyro'th law, Myfanwy dirion,
I ddim ond dweud y gair "Ffarwel".

MYFANWY

1. Why does anger, O! Myfanwy, / fill your dark eyes? / And why don't your tender cheeks, O! Myfanwy, / blush when you see me? / Where is the smile on your lips / which used to light [the flame] of faithful, foolish love? / Where is the sound of your sweet words / which [once] drew my heart after you? // 2. What did I do, O! Myfanwy, / to deserve the frown of your beautiful face? / Were you playing, O! Myfanwy, / with the golden fires of your poet's love? / You are mine by fair contract – / was it too much to keep your word to me? / I shall never seek your hand, Myfanwy, / without getting your heart as well. // 3. Myfanwy, may all your life / be under the bright star of midday, / and may the red rose of health / dance a hundred times on your cheek; / you forgot all the promises / you gave to me, fair maid, / so give your hand, gentle Myfanwy, / for no purpose other than to say the word "Farewell".

Sosban Fach

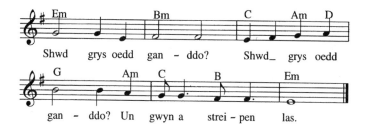

3. Mae bys Mer Ann wedi gwella,
A Dafydd y gwas yn ei fedd.
Mae'r baban yn y crud wedi tyfu,
A'r gath wedi huno mewn hedd.
Cytgan:
Sosban fach yn berwi ar y tân,
Sosban fawr yn berwi ar y llawr,
A'r gath wedi sgramo Johnny bach.

4. O! hwp 'e miwn, Dai,
O! hwp 'e miwn, Dai,
O! hwp 'e miwn, Dai,
Mae'n gas 'i weld e' ma's.
Cytgan:

SOSBAN FACH (LITTLE SAUCEPAN)

1. Mary Ann has hurt her finger, / and Dafydd the servant isn't well. / The baby in its cot is crying / and the cat has scratched Johnny bach. // Chorus: Little saucepan boiling on the fire, / big saucepan boiling on the floor, / and the cat has scratched Johnny bach. // 2. Dai bach the soldier, / Dai bach the soldier, / Dai bach the soldier / with the tail of his shirt hanging out. / What sort of shirt did he have? / What sort of shirt did he have? / What sort of shirt did he have? / A white one with a blue stripe. // Chorus: // 3. Mary Ann's finger is better, / and Dafydd the servant in his grave. / The baby in the cot has grown, / and the cat rests in peace. // Chorus: // 4. O! tuck it in, Dai [x 3], / It's unseemly hanging out. // Chorus:

Lleucu Llwyd

Allegretto

Dewi Morris

Cytgan

Lleu-cu Llwyd,___ rwyt ti'n hardd;___ Lleu-cu
Llwyd, rwyt ti'n werth y byd i mi.___ Lleu-cu
Llwyd,___ rwyt ti'n a - ngel;___ Lleu - cu
Llwyd, rwy'n dy ga-ru di di di.___ 1.O rwy'n
co - fio cwrdd â___ thi___ ac rwy'n
co - fio'r glaw.___ Y - di'r e - os
yn y goed- wig?___ Y-di'r blo-dau yn y
maes ger - llaw?___ Yn yr a - fon
mae cyf - ri - nach___ Dy gu - san
gyn - taf di.___ Yn y goed - wig

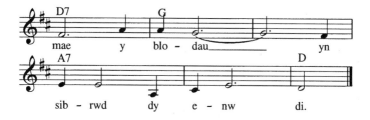

mae y blo - dau___ yn
sib - rwd dy e - nw di.

2. O mae oriau mân yn pasio
Fel eiliad ar adain y gwynt.
O gorweddaf ar fy ngwely
Efallai daw'r freuddwyd yn gynt.
Ond mae rhywun yn agosáu;
Mi glywaf gwichian y glwyd,
Ac rwy'n nabod sŵn yr esgid,
Mae'n perthyn i Lleucu Llwyd.
Cytgan:
Lleucu Llwyd, rwyt ti'n hardd,
Lleucu Llwyd, rwyt ti'n werth y byd i mi.
Lleucu Llwyd, rwyt ti'n angel,
Lleucu Llwyd, rwy'n dy garu di.

LLEUCU LLWYD

Chorus: Lleucu Llwyd, you are beautiful, / Lleucu Llwyd you are worth everything to me. / Lleucu Llwyd, you're an angel, / Lleucu Llwyd I'm in love with you. // 1. O! I remember meeting you… / and I recall the rain… / Is the nightingale in the wood? / Are the flowers in the meadow nearby? / In the river [lies] the secret of your first kiss. / In the wood the flowers whisper your name… // Chorus: // 2. The small hours pass / like a second on the wings of the wind. / I will lie on my bed, / perhaps the dream will come sooner. / But someone is approaching; / I hear the gate squeaking / and I know the sound of the shoe! / It belongs to Lleucu Llwyd. // Chorus:

Words and music: Dewi Morris © Cyhoeddiadau Sain

Nwy yn y Nen

Andante

Dewi Morris

1. Ar ben y my-nydd mae cw-mwl gwyn,
A'r haul yn dawn-sio ar don-nau'r llyn.
Mae drws yr eg-lwys we-di cloi,____
a glas y dor-lan we-di ffoi.____
Mae'r plant yn ga-dael am y dre, mae'r plant yn ga-dael am y dre.

Cytgan
Ond mae nwy yn y nen ac mae'r lleu-ad yn wen ac mae rhyw-beth o'i le yn y dre____ Ond mae nwy yn y nen ac mae'r lleu-ad yn wen ac mae rhyw-beth o'i le yn y dre.

2. Glaw yn disgyn
Dagrau o aur,
Sŵn tywyllwch
Dagrau o aur.
Mae'r ysgol fechan wedi'i chau,
Teganau pren yn deilchion mae,
A'r plant yn gadael am y dre,
A'r plant yn gadael am y dre.
Cytgan:
Ond mae nwy yn y nen
Ac mae'r lleuad yn wen
Ac mae rhywbeth o'i le yn y dre.
Ac mae nwy yn y nen
Ac mae'r lleuad yn wen
Ac mae rhywbeth o'i le yn y dre.

3. A phan ddaw y gwanwyn
I hebrwng yr haf.
Mewn dyffryn unig
Ar fore braf.
Mi glywaf sŵn y droed ar ras
Yn dweud ffarwel i'r ddinas gas.
Mae'r plant yn mynd yn ôl i'r wlad,
Mae'r plant yn mynd yn ôl i'r wlad.
Cytgan:

GAS IN THE AIR

1. On the mountain top / there's a white cloud, / and the sun is dancing / on the waves of the lake. / The church door is locked, / and the kingfisher has fled. / The children are leaving for the town. // Chorus: But there's gas in the air / and the moon is white / and there's something wrong in the town... // 2. Rain is falling, / tears of gold, / the sound of darkness / tears of gold. / The little school has closed, / wooden toys are in pieces, / and the children are leaving for the town. // Chorus: / 3. And when spring comes / to escort the summer, / in a lonely valley / on a fine morning / I hear the noise of racing feet / bidding farewell to the nasty town. / The children are going back to the country. // Chorus:

Words and music: Dewi Morris © Cyhoeddiadau Sain

Blaenau Ffestiniog

Allegro   **Dewi Morris**

O rwy'n mynd nôl i Flae – nau Ffes – tin – iog,_____ Rwy'n

da – la'r trên cyn – ta mâs o'r dre.   O rwy'n

mynd nôl i Flae – nau Ffes – tin – iog,__   ca – nys

y – no mae fy seith – fed ne'._____ 1.Nawr

Gym – ry dewch yn llu i wran – do ar fy nghân. Mae

rhyw – beth bach yn poe – ni fi yn fawr.   Ie, mae

byw yn A – ber – ta – we yn chwa – rae ar fy ner – fe Ac rwy'n

ga – dael am y bryn – iau gy – da'r wawr.

2. Mrs Jones, cymerwch lythyr,
Sgrifennwch hyn ar frys.
Diar Mam, rwy' wedi drysu ar y dre;
O rwyf wedi cau'r ffenestri,
Y dŵr uwchben y llestri
Ac mae'r celfi gyd yn daclus yn eu lle.
Cytgan:

3. Mi ês i Iwgoslafia
Ar fy ngwyliau yn yr haf;
Mi basiais drwy y Swistir ar fy nhaith.
Medde dyn bach yn yr Almaen,
'Ble'r ŷch chi'n mynd Mein Fraulein?'
Fe drois yn ôl i ateb ar un waith...
Cytgan:

4. Bydd y Steddfod yn y gogledd
Ac yna lawr i'r de,
A'r llys yn penderfynu ble i fynd.
Gwaeddodd Gwyndaf lawr i'r dyrfa,
Ble fydd y Steddfod nesa?
Clywyd llais o'r cefn yn gweiddi hyn...
Cytgan:

5. Mae'r dyn sy'n talu'r delyn
Yn galw am y gân;
Mae'r dyn sy'n canu'r gân yn cael y sbri.
Gan mai fi sy'n canu'r delyn,
Y chi sy'n gorfod dilyn,
Felly 'munwch foneddigion gyda mi...
Cytgan:

BLAENAU FFESTINIOG

Chorus: O! I'm going back to Blaenau Ffestiniog, / I'm catching the first train out of town. / O! I'm going back to Blaenau Ffestiniog, / because that's where my seventh heaven is. // 1. Now, Welshmen, come in droves / to listen to my song. / There's a little thing which worries me a lot. / Yes, living in Swansea is playing on my nerves / and I'm leaving for the hills at break of day. // Chorus: // 2. Mrs Jones, take a letter, / write this with all speed: / Dear Mam, I'm all confused in the town; / I've shut all the windows, / the water's over the dishes / and all the furniture is tidy and in its place. // Chorus // 3. I went to Yugoslavia / on my holidays in the summer; / I passed through Switzerland on the way. / A little man in Germany said: / 'Where are you going, Mein Fraulein?' / I turned back to answer straight away... // Chorus: // 4. The Eisteddfod is in the north / and then it's in the south, / and the Court decides where it goes. / Gwyndaf shouted down to the crowd, / 'Where will the next Eisteddfod be?' / A voice was heard at the back shouting... // Chorus: // 5. The man who pays the harper / calls the tune; / the man who sings the song has his fun. / Since it's me who's playing the harp, / you've got to follow, / So, gentlemen, join with me... // Chorus:

Words and music: Dewi Morris © Cyhoeddiadau Sain

Y Dref Wen

Moderato

Tecwyn Ifan

[Guitar – Capo on the 3rd fret]

Y Dref__ Wen yn y dyff – ryn__
He – no heb arf nac off – er – yn_____ Ar
wy – neb y gwellt gwêl y gwaed A drodd y pridd yn
llaid. Ond awn i ail ad – fer bro,_____
Awn i ail go – di to,_____ Ail o – leu – wn y
tŷ_____ Pwy a saif gy – da ni? Ond Pwy a saif?
Pwy_____ a__saif? Pwy a saif gy – da mi?

2. Y Dref Wen chwâl ei meini
Heno'n brudd yn ei hoerni,
Ddaeth 'na neb i holi pam
Mai marw yw'r fflam.
Cytgan:

3. Y Dref Wen wrth y coed,
Hiraeth am gadw oed,
Ciliodd pawb o'r hyfryd fro,
'Stafell Cynddylan sydd dan glo.
Cytgan:

THE SHINING TOWN

1. The Shining Town in the valley / is tonight without weapon or instrument: / on the surface of the grass see the blood / that turned the earth into mud. // Chorus: But we shall go to restore the neighbourhood, / we shall go to rebuild the roof, / we shall put lights back in the house – / who will stand with us? // 2. The broken stones of the Shining Town / are sad tonight in the cold, / nobody came to ask why it is / that the flame is dead. // Chorus: // 3. The Shining Town by the trees / longs to keep contact; / (but) everyone has gone from the pleasant neighbourhood, / Cynddylan's Room is under lock and key. // Chorus:

Words and music: Tecwyn Ifan © Cyhoeddiadau Sain

Pam fod Eira'n Wyn

Andante con anima

Dafydd Iwan

1.Pan fydd haul ar y my – nydd, pan fydd
gwynt ar y môr, pan fydd blo – dau yn y
per – thi,___ a'r goed – wig yn gôr,___ Pan fydd
dag – rau f'an – wy – lyd___ fel gwlith ar y
gwawn, rwy'n gwy – bod___ bryd hyn – ny___ mai
hyn sydd yn iawn. Rwy'n gwy – bod___ beth___ yw
rhy – ddid,___ rwy'n gwy – bod___ beth___ yw'r gwir,_
___ rwy'n gwy – bod___ beth___ yw car – iad___ at

Cytgan

bo - bol ac at___ dir___ fe - lly

peid - iwch â go - fyn eich cwest - iyn - au dwl_ peid - iwch

ed - rych ar - na'i mor syn,___ dim ond ffŵl sydd yn

go - fyn____ pam fod ei - ra yn wyn.

2. Pan fydd geiriau fy nghyfeillion
Yn felys fel y gwin,
A'r seiniau mwyn, cynefin,
Yn dawnsio ar eu min,
Pan fydd nodau hen alaw
Yn lleddfu fy nghlyw,
Rwy'n gwybod beth yw perthyn
Ac rwy'n gwybod beth yw byw!
Cytgan:

3. Pan welaf graith y glöwr,
A'r gwaed ar y garreg las,
Pan welaf lle bu'r tyddynnwr
Yn cribo gwair i'w das;
Pan welaf bren y gorthrwm
Am wddf y bachgen tlawd,
Rwy'n gwybod bod rhaid i minnau
Sefyll dros fy mrawd.
Cytgan:

WHY IS SNOW WHITE?

1. When the sun is on the mountain, / when the wind is on the sea, / when the flowers are in the hedgerows, / and the woodland is a choir; / when the tears of my loved-one / are like dew on gossamer, / that's when I know / that this is right. // Chorus: I know what freedom is, / I know what the truth is, / I know what love is / for people and for country; / so don't ask stupid questions, / don't look at me so aghast; / it's only a fool who asks / why snow is white. // 2. When the words of my friends / are sweet like wine, / and the tender, familiar sounds / dance upon their lips; / when the notes of an old melody / soothe my hearing, / that's when I know what belonging means / and I know what it is to be alive! // Chorus: // 3. When I see the collier's scar, / and the blood on the blue slate, / when I see where the cottager / used to rake hay into his stack; / when I see the block of oppression [Welsh Not] / about the poor boy's neck, / I know that I too must / stand up for my brother. // Chorus:

Words and music: Dafydd Iwan © Cyhoeddiadau Sain

57

Yma o Hyd

pho – peth Ry'n ni y – ma o hyd,   Ry'n ni y – ma o hyd,_____ Er gwae–tha pawb a pho– peth,_ Er gwae – tha pawb a pho – peth,_____ Er gwae – tha pawb a pho – peth Ry'n ni y – ma o hyd.

2. Chwythed y gwynt o'r Dwyrain
Rhued y storm o'r môr
Hollted y mellt y wybren
A gwaedded y daran encôr,
Llifed dagrau'r gwangalon
A llyfed y taeog y llawr
Er dued y fagddu o'n cwmpas
Ry'n ni'n barod am doriad y wawr!
Cytgan:

3. Cofiwn i Facsen Wledig
Adael ein gwlad yn un darn
A bloeddiwn gerbron y gwledydd
'Mi fyddwn yma tan Ddydd y Farn!'
Er gwaetha pob Dic Siôn Dafydd
Er gwaetha 'rhen Fagi a'i chriw
Byddwm yma hyd ddiwedd amser
A bydd yr iaith Gymraeg yn fyw!
Cytgan:

WE ARE STILL HERE

1. You don't remember Magnus, / – nobody knows him; / One thousand six hundred years is too long for the memory. / When Magnus Maximus left Wales / in the year three hundred eight three / he left us as a whole nation / – and today – Here we are! // Chorus: We are still here! / We are still here / despite everyone and everything, / we are still here. // 2. Let the wind blow from the east, / let the storm roar from the sea, / let lightening split the heavens, / and let the thunder shout 'encore'; / let the tears of the fainthearted flow, / and let the servile lick the floor: / however black the night about us, / we are ready for the break of dawn! // Chorus: // 3. Let us remember that Magnus Maximus / left our land in one piece / and let us shout before the nations / 'We shall be here till the Day of Judgment!' / Despite every fawning lickspittle, / despite old Maggie and her gang / we'll be here till the end of time / and the Welsh language will be alive! // Chorus:

Words and music: Dafydd Iwan © Cyhoeddiadau Sain

Mae Hen Wlad fy Nhadau

Welsh National Anthem

Moderato

James James

1.Mae hen wlad fy nha-dau yn an-nwyl i__ mi, Gwlad beirdd a chan-tor-ion, en-wog-ion o fri. Ei__ gw-rol ry-fel-wyr, gwlad gar-wyr tra__ mad, Dros ry-ddid co-lla-sant eu gwaed. Gwlad! Gwlad! Pleid-iol wyf__ i'm gwlad. Tra môr yn__ fur i'r bur hoff__ bau, O by-dded i'r hen-iaith bar-hau.

2. Hen Cymru fynyddig, paradwys y bardd,
Pob dyffryn, pob clogwyn, i'm golwg sydd hardd;
Trwy deimlad gwladgarol mor swynol yw si
Ei nentydd, afonydd i mi.
Cytgan
Gwlad! Gwlad! Pleidiol wyf i'm gwlad.
Tra môr yn fur i'r bur hoff bau,
O bydded i'r heniaith barhau.

3. Os treisiodd y gelyn fy ngwlad dan ei droed,
Mae heniaith y Cymry mor fyw ag erioed;
Ni luddiwyd yr awen gan erchyll llaw brad,
Na thelyn berseiniol fy ngwlad.
Cytgan:

Words: Evan James

---

1. The land of my fathers is dear to me, / land of bards and singers, famous men of distinction. / Its brave warriors, worthy patriots / for freedom shed their blood. // Chorus: [Wales], I support thee, Wales, / while the sea remains a bastion for this dear country, / may its ancient language survive. // 2. Mountainous Wales, paradise of the bard, / every valley, every rock in my sight is beautiful; / with patriotic feeling, how bewitching is the sound / of her streams and rivers to me. // Chorus: // 3. Even if the enemy trod my land under foot, / the ancient language of the Welsh is as alive as ever; / the muse was not silenced by the ugly hand of treachery, / nor the sonorous harp of my land. // Chorus:

**– Wales within your reach:
an attractive series
at attractive prices!**

Titles already published:

1. Welsh Talk
Heini Gruffudd
086243 447 5
£2.95

2. Welsh Dishes
Rhian Williams
086243 492 0
£2.95

3. Welsh Songs
Lefi Gruffudd (ed.)
086243 525 0
£3.95

4. Welsh Mountain Walks
Dafydd Andrews
086243 547 1
£3.95

To be published soon:

5. Welsh Place Names
Iain Ó hAnnaidh
086243 514 5
£4.95

6. Welsh Castles
Geraint Roberts
086243 550 1
£3.95

7. Welsh Railways
Jim Green
086243 551 X
£3.95

8. Welsh Rugby Heroes
Androw Bennett
086243 552 8
£3.95

The *It's Wales* series
is just one of a wide range
Welsh interest publications
from Y Lolfa.
For a full list of books currently in print,
send now for your free copy
of our new, full-colour Catalogue
– or simply surf into our website
at **www.ylolfa.com**.

y|*Lolfa*

Talybont Ceredigion Cymru/*Wales* **SY24 5AP**
ffôn 0044 (0)1970 832 304 *ffacs* 832 782 *isdn* 832 813
e-bost ylolfa@ylolfa.com *y we* www.ylolfa.com